www.kidkiddos.com
Copyright©2015 by S.A.Publishing ©2017 by KidKiddos Books Ltd.
support@kidkiddos.com

All rights reserved. No part of this book may be reproduced in any form or by any electronic or mechanical means, including information storage and retrieval systems, without written permission from the publisher or author, except in the case of a reviewer, who may quote brief passages embodied in critical articles or in a review.

Todos los derechos reservados. Ninguna parte de este libro se puede utilizar o reproducir de cualquier forma sin el permiso escrito y firmado de la autora, excepto en el caso de citas breves incluidas en reseñas o artículos críticos.

Second edition, 2019

Library and Archives Canada Cataloguing in Publication
Boxer and Brandon (Spanish English Bilingual Edition)
ISBN: 978-1-5259-1594-9 paperback
ISBN: 978-1-77268-666-1 hardcover
ISBN: 978-1-77268-664-7 eBook

Please note that the Spanish and English versions of the story have been written to be as close as possible. However, in some cases they differ in order to accommodate nuances and fluidity of each language.

Creado por Inna Nusinsky
Created by Inna Nusinsky

Ilustraciones de Gillian Tolentino
Illustrations by Gillian Tolentino
Traducido del inglés por Laia Herrera Guardiola
Translated from English by Laia Herrera Guardiola

Hola, me llamo Boxer. Soy un boxer. Un tipo de perro llamado boxer. ¡Encantado de conocerte! Esta es la historia sobre cómo conseguí mi nueva familia.

Hello, my name is Boxer. I'm a boxer. I'm a type of dog called a boxer. Nice to meet you! This is the story of how I got my new family.

Todo empezó cuando yo tenía dos años.
It all started when I was two years old.

No tenía casa. Vivía en la calle y comía de la basura. La gente se enfadaba bastante conmigo cuando volcaba sus cubos de basura.
I was homeless. I lived on the street and ate out of garbage cans. People got pretty mad at me when I knocked over their trash cans.

—¡Vete de aquí!—, me gritaban. ¡A veces tenía que escaparme muy deprisa!
"Get out of here!" they would shout. Sometimes I had to run away really fast!

Vivir en la ciudad puede ser duro.
Living in the city can be hard.

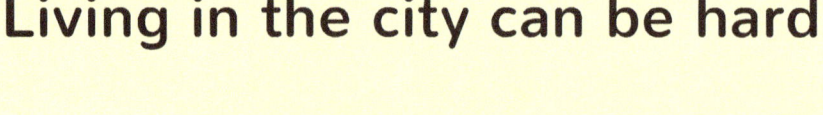

Cuando no estaba buscando comida, me gustaba estar sentado y mirar a la gente caminar por la acera.

When I wasn't looking for food, I liked to sit and watch people walk by on the sidewalk.

A veces miraba a la gente con ojos tristes y ellos me daban comida.

Sometimes, I would look at people with my sad eyes and they would give me food.

—Oh, ¡qué perrito más mono! Aquí, toma un bocado—, me decían.

"Oh, what a cute doggy! Here, have a snack," they would say.

Un día, un niño y su papá caminaban hacia mí.

One day, a little boy and his dad were walking toward me.

—¿Cómo está ese bocadillo de mantequilla y mermelada, Brandon?—, preguntó el papá del niño.

"How's that butter and jelly sandwich, Brandon?" asked the boy's dad.

¡El bocadillo tenía muy buena pinta!

The sandwich looked really good!

Yo puse ojos tristes. El niño se paró mientras sujetaba su bocadillo. Yo estaba a punto de comer un poquito, cuando...

I put on my sad eyes. The boy stopped and held out his sandwich. I was just about to take a bite, when...

—¡Brandon, no des de comer a ese perro! Él vendrá en busca de más—, exclamó su papá. Brandon apartó el bocadillo.

"Brandon, don't feed that dog! He'll just come looking for more," exclaimed his dad. Brandon pulled the sandwich back.

Casi…¡Pude oler la mantequilla! ¡Los padres nunca quieren compartir conmigo!

So close—I could smell the butter! Parents never want to share with me!

Yo gemí de la forma más triste que pude mientras ellos se alejaban.

I whined as pitifully as I could as they walked away.

Después de eso, decidí echarme una siesta. Estaba teniendo un sueño fantástico.

After that, I decided to take a nap. I was having a wonderful dream.

Estaba en un parque y ¡Todo estaba hecho de comida! ¡Había árboles bistec! Fue el mejor sueño que nunca había tenido.

I was in a park and everything was made from meat! The trees were steaks! It was the best dream ever.

Pero algo me hizo despertar. ¡Justo delante de mí había un trozo de bocadillo! Me puse de pie y lo engullí.

Something woke me up, though. Right in front of me was a piece of a sandwich! I jumped to my feet and gobbled it down.

¡Mmmmm! ¡Estaba riquísimo! Justo como en mi sueño.

Mmmmm! It was so good! Just like my dream.

—Chss—, dijo Brandon. —No se lo cuentes a Papá. Que niño tan majo, pensé para mí mismo.

"Shhh," said Brandon. "Don't tell Dad." *What a nice little boy*, I thought to myself.

Día tras día, Brandon vendría a visitarme y a darme un bocado. Hasta que un día…

Day after day, Brandon would come visit me and give me a snack. Then, one day…

—Date prisa, Brandon. Llegarás tarde a la escuela—, dijo el papá de Brandon.

"Hurry up, Brandon. You'll be late for school," said Brandon's dad.

—¡Ya vengo!—, gritó Brandon mientras corría y dejaba caer una bolsa marrón en la acera.

"I'm coming!" shouted Brandon as he ran past, dropping a brown bag on the sidewalk.

Me acerqué husmeando a la bolsa y miré dentro. ¡Estaba llena de comida!

Sniffing around, I walked up to it and looked inside. It was full of food!

Estaba a punto de comérmelo todo cuando pensé en algo. Brandon siempre me trae comida cuando tengo hambre. Si me como su almuerzo, entonces él tendrá hambre.

I was just about to eat it all when I thought of something. *Brandon always brings me food when I'm hungry. If I eat his food, then he'll be hungry.*

—¡Ya vengo, Brandon!—, aullé.
"I'm coming, Brandon!" I howled.

Él y su papá se fueron calle abajo. Yo corrí detrás de ellos con la bolsa marrón en la boca.

He and his dad were way down the street. I ran after them with the brown bag in my mouth.

Al pasar por un callejón, vi a un gato. ¡Odio a los gatos! Me olvidé de mi misión y dejé caer la bolsa.

As I was passing an alleyway, I saw a cat. I hate cats! I forgot about my mission and dropped the bag.

—¡Guau, vete de aquí, gato!—, ladré.

"*Bark,* get out of here, cat!" I barked.

Entonces me acordé de la comida de Brandon. ¡Tendría hambre si yo no le llevaba su almuerzo!

Then I remembered Brandon's lunch. He was going to be hungry if I didn't bring him his lunch!

Fue duro, pero me olvidé del gato. Recogí la bolsa marrón de nuevo y empecé a correr.

It was hard, but I forgot about the cat. I picked up the brown bag again and started running.

Más abajo de la calle, me detuve de nuevo. ¡Una carnicería!

Further down the street, I stopped again. A butcher shop!

Había trozos de carne y salchichas colgando por todas partes. Mmmmm...

There were pieces of meat and sausages hanging everywhere. *Mmmmm...*

¡Un momento! ¡Tenía que llevar a Brandon su almuerzo o iba a tener hambre!

Wait! I had to bring Brandon his lunch or he was going to be hungry!

Fue duro, pero me olvidé de la comida. Cogí el almuerzo y empecé a correr de nuevo.

It was hard, but I forgot about the meat. I grabbed the lunch and started running again.

Giré en una esquina y me detuve. Había otro perro moviendo la cola.

I turned a corner and stopped. There was another dog wagging his tail.

—Hola, ¿quieres jugar?—, ladró.

"Hi, want to play?" he woofed.

—¡Claro que sí!—, contesté. —Oh, espera, justo ahora no puedo. Tengo que llevar a Brandon su almuerzo.

"I sure do!" I answered. "Oh, wait, I can't right now. I have to bring Brandon his lunch."

Fue duro, pero me olvidé de jugar. Cogí el almuerzo y empecé a correr de nuevo.

It was hard, but I forgot about playing. I grabbed the lunch and started running again.

Podía ver la escuela, y ¡ahí estaba Brandon con su papá! Corrí tan deprisa como pude.

I could see the school—and there was Brandon with his dad! I ran as fast as I could.

Me detuve en frente de Brandon y dejé caer la bolsa del almuerzo en la acera. ¡Justo a tiempo!

Stopping in front of Brandon, I dropped his lunch bag on the sidewalk. Just in time!

—Mira, papá, ha traído mi almuerzo!—, exclamó Brandon.

"Look, Dad, he brought my lunch!" exclaimed Brandon.

—¡Vaya, claro que sí. ¡Eso es increíble!—, dijo su papá. Los dos me dieron palmaditas en la cabeza.

"Wow, he sure did. That's amazing!" said his dad. They both patted me on the head.

Brandon estaba contento y también lo estaba su papá.

Brandon was happy and so was his dad.

De hecho, su papá estaba tan contento que me llevó a casa. Me dio un baño. ¡Me dio comida!

In fact, his dad was so happy that he brought me home. He gave me a bath. He gave me food!

Ahora cuando Brandon y su papá salen a pasear, yo camino a su lado. Y cuando van a casa, ¡yo voy a casa con ellos!

Now when Brandon and his dad go walking, I get to walk with them. And when they go home, I get to go home with them!

¡Me gusta mi nueva casa y quiero a mi nueva familia!

I love my new home and my new family!

www.ingramcontent.com/pod-product-compliance
Lightning Source LLC
Chambersburg PA
CBHW061134070526
44584CB00033B/4319